Bahn-Betriebswerk München-Pasing

Starke Männer, starke Technik, starke Züge:
Vom Betriebswagenwerk zur Reisezugwagen-Werkstatt
von DB Regio Oberbayern

Autoren: Karl-Heinz Dix und Michael Werner
Gestaltung: Sebastian Raab
Mitarbeit: Ernst Andreas Weigert,
Christoph Grimm, Peter Goette, Dr. Brian Rampp

DiSt-Verlag München

Verlagsangaben

Das Bahn-Betriebswerk München-Pasing
Starke Männer, starke Technik, starke Züge:
Vom Betriebswagenwerk zur Reisezugwagen-
Werkstatt von DB Regio Oberbayern

Schleienweg 5, 81825 München

ISBN-Nummer: 978-3-9811659-1-3

www.DiSt-Verlag.de

E-Mail: info@DiSt-Verlag.de
bestellung@DiSt-Verlag.de

Titelfoto: Christoph Grimm

Druck: Druckhaus König, München

Inhaltsverzeichnis

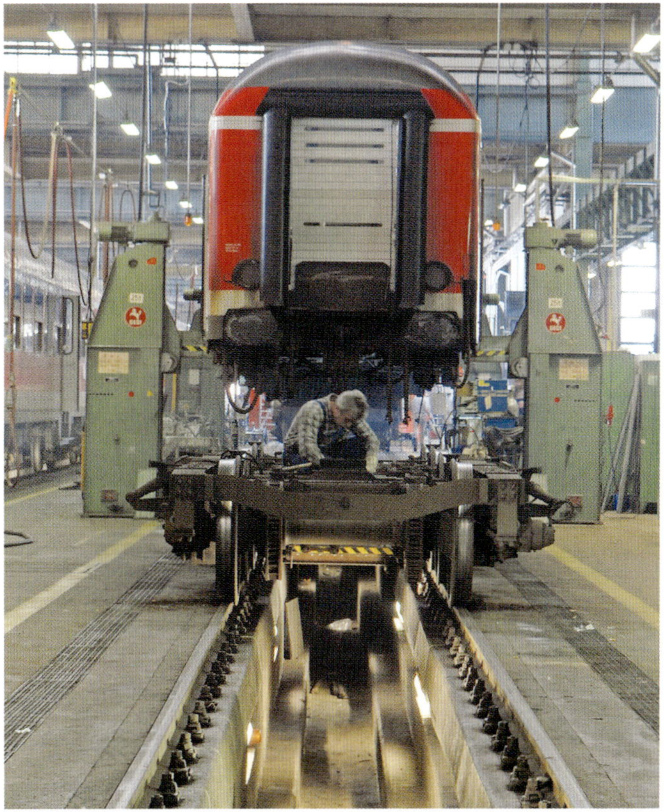

Ein Bild, das in wenigen Jahren Seltenheitswert haben wird: In Pasing erhält ein modernisierter „Silberling“ ein repariertes Drehgestell. 2008 sind bayernweit noch 400 solcher Waggons im Einsatz. Sie werden in den nächsten Jahren durch Doppelstockwagen und Elektrotriebwagen ersetzt. Foto: Ch. Grimm

Bahnland Bayern

Bayern war auf dem Gebiet des Bahnverkehrs immer schon ein Land der Pioniere und Vordenker. Allerdings auch eines, in dem vorausschauende Pläne spät oder nie verwirklicht worden sind. Diese Entwicklung lässt sich bereits mehr als 200 Jahre zurückverfolgen.

So war ein Münchner der erste große deutsche Pionier des Eisenbahngedankens: der königliche Oberst-Bergrat Joseph Ritter von Baader, der Bruder des bekannten Philosophen. Schon 1807 warb er für die Vorteile von „Schienenbahnen“: lange bevor George Stephenson 1825 in England mit der ersten Dampfeisenbahn von Stockton nach Darlington Furore machte.

Doch wie gesagt: Ritter von Baader erkannte als Erster die Vorteile der Reibungsbahn. Nach seinem ersten Vorstoß 1807 erarbeitete er 1810 das Projekt für eine Bahnverbindung zwischen Main und Donau über Würzburg und Regensburg. 1812 präsentierte er der bayerischen Regierung den Vorschlag „zur Einführung eiserner Kunststraßen in Bayern“. Und am 27. April 1815 erhielt er sogar von König Maximilian I. Joseph ein 25-jähriges Privileg, das erste auf dem Gebiet des Eisenbahnwesens in Deutschland überhaupt, für ein Schienenfahrzeug. Und der König bewilligte ihm im Sommer 1825 Geld für den Bau einer Versuchsstrecke im Nymphenburger Schlosspark. Doch die ersten Eisenbahnfahrzeuge kamen aus England, und es sollte noch bis 1835 dauern, ehe zwischen Nürnberg und Fürth die erste öffentliche Eisenbahn in Deutschland in Betrieb genommen wurde.

Um die Platznöte des Münchner Hauptbahnhofs im 19. und 20. Jahrhundert zu beenden, gab es bereits zu Beginn des 20. Jahrhunderts Überlegungen, den Münchner Hauptbahnhof Richtung Laim zu verlegen und aus dem Sack- einen Durchgangsbahnhof zu machen. Ein S-Bahn-Netz sollte die Verbindung in die Innenstadt herstellen. Doch erst, als München im Dritten Reich die „Hauptstadt der Bewegung“ wurde, kam durch Hitlers Größenwahn Schwung in die Pläne. Hitler träumte nicht nur von einem riesigen Kuppelbau in Laim, sondern auch von einer Breitspurbahn mit vier Meter Spurbreite und einer Höchstgeschwindigkeit von 250 Kilometer pro Stunde. Diese „Superbahn“ sollte nicht nur nach Berlin, sondern auch nach Konstantinopel, das heutige Istanbul, führen. Auch diese Pläne wurden kriegsbedingt nie verwirklicht.

Mit einer einzigen Ausnahme: Für den neuen Münchner Zentralbahnhof wurde ein neues Betriebswerk errichtet: die heutige Reisezugwagen-Werkstatt von DB Regio Oberbayern in Pasing, an deren Außenwänden noch die Reste des ehemaligen Tarnanstrichs aus dem Zweiten Weltkrieg erkennbar sind.

Karl-Heinz Dix
Autor und Herausgeber

Michael Werner
Autor und Herausgeber

„Fahrt frei" in die Zukunft

Die Reisezugwagenwerkstatt München-Pasing feiert 2008 den 70. Geburtstag. Im Jahr 1938 hat die Reichsbahn den Grundstein für das ehemalige Betriebswagenwerk (Bww) gelegt. Seit dieser Zeit wurden im Werk Pasing zigtausende Reisezugwagen zuverlässig instand gehalten und darin Millionen von Reisenden sicher und komfortabel an ihr Ziel transportiert. 2008 begeht aber nicht nur unsere Werkstatt ein Jubiläum, sondern insbesondere die Landeshauptstadt München steht mit ihrem 850. Geburtstag dieses Jahr im Mittelpunkt. Was liegt also näher, als beide „Jubilare" am 31. Mai 2008 mit dem ersten „Tag der offenen Tür" in der Reisezugwagenwerkstatt gebührend zu feiern? Erst recht, weil im Werk derzeit rund 850 Reisezugwagen unterschiedlichster Bauarten unterhalten werden!

Siebzig Jahre sind für uns auch ein guter Grund, Danke an all diejenigen zu sagen, die durch ihre Mitarbeit die Reisezugwagenwerkstatt München-Pasing zu dem gemacht haben, was sie heute ist: die größte Werkstatt ihrer Art in Deutschland und als zertifizierter Betrieb ein Garant für hohe Kompetenz und Qualität. Und siebzig Jahre sind auch ein guter Anlass in die Zukunft zu blicken. Die Werkstatt Pasing wird nämlich auch künftig eine entscheidende Rolle bei der Wartung des Rollmaterials der Deutschen Bahn AG in München spielen. Neben der Unterhaltung von Reisezugwagen des Regional-, Fern- und Nachtreisezugverkehrs wird dazu in wenigen Jahren auch die Wartung von modernen Elektrotriebwagen gehören, die im Regionalverkehr auf dem Vormarsch sind.

Zu einem solchen runden Geburtstag hat sich der Jubilar (und haben sich in diesem Fall die Mitarbeiter als Herz des Unternehmens) ein besonderes Geschenk verdient: Damit das Werk für viele weitere Jahre gerüstet ist, hat sich die Deutsche Bahn AG entschlossen, das Werk in den kommenden drei Jahren grundlegend zu modernisieren und dem aktuellen Stand der Arbeits- und Sicherheitsbedingungen anzupassen. Mit einem Aufwand von über zehn Millionen Euro wird die Bahn deshalb das Hallendach sanieren inklusive Oberlichtkuppeln zur besseren Tageslichtausnutzung. Zusätzlich wird die Halle mit einer neuen, tageslichtabhängig gesteuerten Beleuchtungsanlage ausgerüstet. Im Hallenbereich werden die Gleise aufgeständert und mit modernen Dacharbeitsständen mit Kranbahn versehen. Zusätzlich werden Vorrüstungen zum Einbau von Oberleitungen vorgesehen. Die Baumaßnahmen sorgen dafür, dass es auch in den nächsten Jahren heißen wird: „Fahrt frei für die Reisezugwagenwerkstatt München-Pasing!"

Christoph Grimm

Kaufmännischer
Geschäftsleiter und Sprecher
DB Regio Oberbayern

Wolfgang Servas

Technischer
Geschäftsleiter
DB Regio Oberbayern

Eine Werkstatt für den neuen Zentralbahnhof

Der 25. August 1839 war ein besonderer Tag für München: Am Namenstag von König Ludwig I. wurden gleichzeitig die Mariahilfkirche in der Au, wie auch der erste Münchner Bahnhof am Marsfeld und die Bahnstrecke von München nach Lochhausen eingeweiht. Doch während das Gotteshaus noch heute ein prächtiges Dokument der Baukunst des 19. Jahrhunderts darstellt, war Münchens erster Bahnhof eine erbärmliche Holzbaracke am Marsfeld (damals vor den Toren der Stadt), der schon rasch zu klein war. Bereits ab 1845 plante man einen stadtnäheren, größeren Bahnhof. Praktischerweise brannte der alte am Ostersonntag, 4. April 1847, ab, als man ohnedies den neuen bauen wollte. Da das abgebrannte Gebäude versichert war, hielt sich der Zorn des Königshauses in Grenzen. „Wer noch zweifeln möchte, dass der Bahnhof ist angezündet worden, ist ein Thor“, heißt es in einem anonymen Schreiben, das Reichsbahnrat Dr. Günther in einer Dokumentation über den Münchner Hauptbahnhof 1943 zitiert.

Zwei Jahre nach dem Brand war der von Friedrich Bürklein geplante neue Bahnhof fertig und ging am 1. Oktober 1849 in Betrieb. Doch auch dieser, im Zweiten

Modell des einst geplanten Zentralbahnhofs.

Weltkrieg weitgehend zerstörte Bau, war bald zu klein und musste mehrfach erweitert werden. Bereits 1889 schlug der Münchner Friedrich Graf im „Süddeutschen Bank- und Handelsblatt“ wegen der „drangvollen Enge“ die Verlegung des Sackbahnhofs vor die Stadt vor. Zitat: „Man kassiere den Zentralbahnhof und verlege ihn als Westbahnhof dorthin, wo er heute hingehört, das heißt: an den Burgfrieden der Stadt – äußere Landsberger Straße - und schaffe so bald als möglich für München eine Ringbahn.“ Auch F. X. Liebig schlug 1896 eine Ringbahn sowie einen Bahnhof auf der Kohleninsel vor, auf der sich heute das Deutsche Museum befindet, sowie einen „Westbahnhof“ als Durchgangsbahnhof hinter dem ehemaligen Rangierbahnhof in München Laim. Letzteres ist ein Gedanke, der sich in den nächsten Jahrzehnten hielt und letztlich zum Bau des Betriebswagenwerks Pasing führte.

Wegen des durch neue Bahnstrecken stärker belasteten Hauptbahnhofs kündigte dann 1910 der Staatsminister für Verkehrsangelegenheiten eine Verlegung des Personen-Hauptbahnhofs westlich der Hackerbrücke an. Ebenfalls diskutiert wurde damals bereits der Bau einer unterirdischen „Schleifenbahn“. Passiert ist zunächst nichts. „Es ist schon eine merkwürdige Tatsache mit dem alten Münchner Hautpbahnhof: Kaum nach seiner Fertigstellung genügte er den gewachsenen Verkehrsbedürfnissen nicht mehr. Er wurde dann wiederholt erweitert, aber jedes Mal nicht in so weit blickender Weise, dass er nach Abschluss der jeweiligen Um- und Neubauten nicht schon wieder zu klein und eng geworden wäre“, notierte Reichsbahnrat Dr. Günther 1943.

Es sollte bis 1928 dauern, bis die Reichsbahndirektion München die Verlagerung des Münchner Hauptbahnhofs konkret plante: den Bahnhof München West, der als Neuanlage neben der Landsberger Straße bei der Einmündung der Laimer Straßenunterführung gedacht war und in dem sämtliche Fernstrecken von Westen und Norden zusammenlaufen sollten. 1928 schrieb Dr. Ing. E. H. Rank in einer Dokumentation: „Wir möchten den Hauptbahnhof weit nach Westen hinaus verlegt sehen, entweder an die Donnersbergerbrücke oder vielleicht sogar nach Laim. Aber nicht in der Hinausschiebung des Hauptbahnhofs sehen wir das alleinige Heilmittel, sondern einer gleichzeitigen Anordnung einer Untergrundbahn, die es ermöglicht, den Fernverkehr bis in die innere Stadt, vielleicht durch diese hindurchzuleiten. Das durch die Bahnhofsverlegung frei werdende Gebiet kann der Bebauung mit Hochhäusern zugeführt werden.“

Es sollte es bis zur Machtergreifung Hitlers dauern, bis die alten Pläne konkret weiter verfolgt wurden. „Dass bei der Neugestaltung Münchens vor allem auch die Verlegung des entwicklungshemmenden Hauptbahnhofs eine ausschlaggebende Rolle spielte, liegt auf der Hand“, schrieb Dr. Günther. Allerdings machte sich nun Hitlers Großmannssucht bemerkbar: Der neue Zentralbahnhof sollte so weit wie möglich nach Westen verlegt werden, um Platz zu schaffen für eine 80 Meter breite Prachtstraße zum Karlsplatz. Der Zentralbahnhof war gleichzeitig als Durchgangsbahnhof konzipiert, sodass das lästige Kopfmachen im Hauptbahnhof entfallen sollte. Anstelle des alten Hauptbahnhofs war die Errichtung einer 214 Meter hohen gigantischen Säule aus Stein geplant.

Das Bahnkonzept sah vor, dass die von Westen kommenden Linien am Ostbahnhof und die von Osten verkehrenden Linien, nach Halt im geplanten Zentralbahnhof in Pasing enden. Deshalb war für den Zentralbahnhof und Pasing das neue Betriebswerk vorgesehen. Dieses war angesichts der geplanten Kapazität auch notwendig.
Wie Reichsbahnrat a.D. W. Classens in der Juni-Ausgabe1951 der Zeitschrift „Eisenbahntechnik“ schrieb, sollten täglich bis zu 280 Züge ab/bis München verkehren. Das vorgesehene S-Bahn-Konzept sah damals bereits einen 10-Minuten-Takt vor. Nach den Planungen sollten die S-Bahn-Linien laut Classens etwa von Gauting nach Ismaning, von Aubing nach Riem, von Maisach nach Neubiberg oder von Dachau nach Deisenhofen verkehren. Weitere Linien sollten von Freimann durch die Stadt (heute U 3, S 7) nach Höllriegelskreuth oder von Ismaning nach Grünwald führen.

Der neue Zentralbahnhof war dabei als architektonischer Abschluss von Hitlers geplanter Prachtstraße mit einem Kuppeldurchmesser von 265 Metern und einer Höhe von 150 Metern geplant. Für den neuen Zentralbahnhof sollte nicht nur ein Rangierbahnhof errichtet werden, sondern auch das neue Betriebswagenwerk als Ersatz für die ehemalige Centralwerkstatt an der Donnersbergerbrücke.

Betriebswerk auf dem Gräberfeld

Selten entstehen Bahnwerkstätten auf historischem Boden. Beim ehemaligen Bahnbetriebswagenwerk Pasing war das etwas anderes. Als Arbeiter 1938 begannen, im nordöstlichen Bereich des geplanten Bww Kies auszuheben, stießen sie auf Knochen. Menschliche Knochen! Archäologen stellten rasch fest, dass im Bahnbereich ein Gräberfeld aus der Frühzeit der Christianisierung lag. Insgesamt wurden 1938 genau 358 Bestattungen registriert.

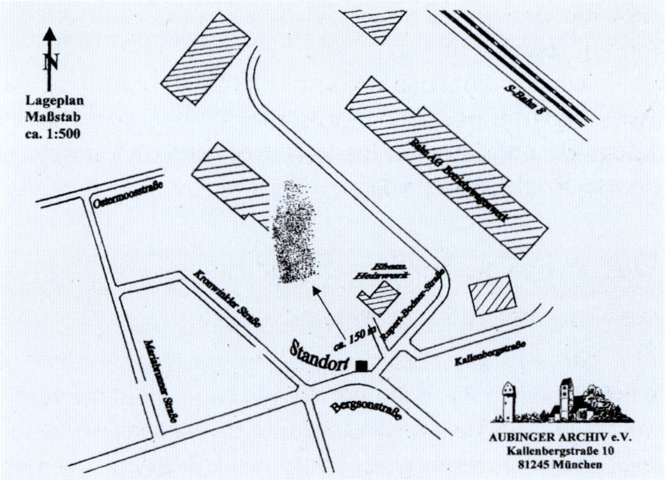

Plan des Gräberfelds und der Werkstätte.

Quelle: Aubinger Archiv

Diese begannen etwa um 500 nach Christus, als die Gegend um Aubing-Neuaubing-Langwied durch germanische Siedler bewohnbar gemacht wurde. Die Beisetzung endeten um 700, als sich die Christianisierung erfolgreich durchsetzen konnte. Experten stellten fest, dass die Grabbeigaben wegen des christlichen Einflusses schon vor dem Jahr 700 spärlicher wurden. Die Toten wurden mit wenigen Ausnahmen mit dem Kopf im Westen, auf dem Rücken liegend bestattet. Reichere Leute wurden tiefer beigesetzt. Viele Gräber sind außerdem schon in der unmittelbaren Folgezeit von Grabräubern geplündert und beschädigt worden. Erst 1960 wurden die archäologischen Arbeiten wieder aufgenommen. Dabei hat man bis 1963 die restlichen 477, in der Vorkriegszeit nicht ausgehobenen Gräber (darunter zwei Hockergräber aus der Bronzezeit – Ende des 3.Jahrtausends vor Christus bis zum Beginn des 1.Jahrtausends vor Christus) erfasst.

Der einzige fertige Bestandteil des neuen Hauptbahnhofs

Als der Spatenstich für den neuen Hauptbahnhof schließlich am 21. Juli 1941 (einen Monat nach Beginn des Russland-Feldzugs) stattfand, da war das neue Betriebswerk in Pasing für den nie realisierten neuen Hauptbahnhof schon längst fertig (Die Bauarbeiten für den Zentralbahnhof wurden übrigens kriegsbedingt

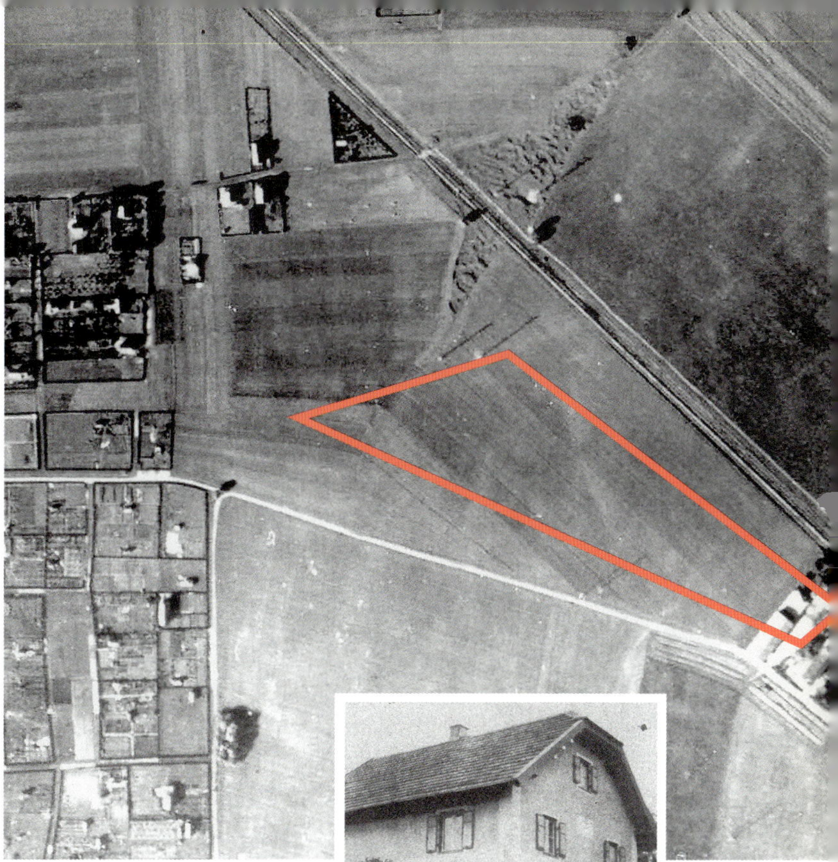

Hier wurde 1938 die Baugrube für das Werk ausgehoben. Es entstand nicht nur auf einem alten Gräberfeld: auch einige Häuser (Foto) mussten weichen.

Foto: Aubinger Archiv

Seit der Betriebsaufnahme am 19. Mai 1941 hat sich äußerlich wenig verändert: Wer genau hinsieht, erkennt dunkle Flecken an der Außenmauer der Regio-Werkstatt Pasing. Es sind die Reste des Tarnanstrichs aus dem Zweiten Weltkrieg. Foto: M. Werner

noch im selben Jahr nach Aushub einer Baugrube an der Friedenheimer Brücke wieder eingestellt). Am 5. Mai 1941 war es so weit, dass das Bahnbetriebswagenwerk München Hauptbahnhof vom Gelände der einstigen Centralwerkstätte, auf dem es seit der Verlegung des RAW München nach Freimann untergebracht war, nach Pasing West umziehen konnte. An dieser Stelle soll nicht verschwiegen werden, dass das NS-Regime für die Fertigstellung des Werkes auch zahlreiche Zwangsarbeiter eingesetzt hat.

Als der Betrieb am 19. Mai 1941 im Bww Pasing aufgenommen werden konnte, war das neue, dicht südlich der Bahnlinie nach Augsburg und in der Mitte zwischen den Bahnhöfen Pasing und Lochhausen errichtete Werk erst zu zwei Dritteln gebaut. Es dauerte dann noch über ein Jahr, bis es im Wesentlichen fertiggestellt war, und noch ein weiteres Jahr, bis die baulichen Anlagen abgenommen werden konnten. Erschwerend kam hinzu, dass das Bww lange Zeit mit öffentlichen Verkehrsmitteln schwer zu erreichen war, da der Haltepunkt Langwied noch nicht existierte. Das Bww wurde allerdings mit Dienstpendelzügen erschlossen.

Kernbestandteil des Werks ist seine bis heute so gut wie unveränderte Wagenhalle, deren Ziegelaußenwände immer noch den Tarnanstrich aus dem Zweiten Weltkrieg erkennen lassen. Die Halle beeindruckt durch ihre Größe: Sie ist 345 Meter lang und im Mittelteil 80 Meter breit. Insgesamt sind zehn Gleise benutzbar. Neun weisen eine Nutzlänge von 330 Meter auf, ein zehntes hat eine Länge von 160 Meter. Auf der östlichen Seite (Richtung Betriebsbahnhof) sind die Hallengleise über eine Harfe zu zwei Verbindungsgleisen zusammengefasst und an den Betriebsbahnhof angebunden.

Aus alten Bww-Akten

An die Reichsbahndirektion München Dezernat 22
11.11.1941

Betreff: Bww-Mü-West, Mängel derselben

Ich habe folgendes festgestellt: Der schwerste Mangel ist, dass noch immer die Türen an den Enden des Längsgangs im Keller fehlen, der Gang endet beiderseits ohne Abschluss ins Freie. Abgesehen davon, dass es daher durch den Gang dauernd zieht, was das Personal gesundheitlich schädigt, ist die Anlage unkontrollierbar zugänglich..

Gez . Schöffel

+++

An die Zentral-Telegrafen-Werkstätte München,
München, 7. Juli 1943

Betrifft: Reparatur des Rundfunkapparates für den Feuerwehr-Wachraum in der Werkstätte West des Bww München-Hbf.

Der im Feuerwehrraum der Werkstätte West des Bww Hbf. aufgestellte Rundfunkapparat (normaler Drahtfunkapparat) ist wegen einer inneren Störung seit einiger Zeit nicht mehr brauchbar. Der Rundfunkapparat bildet die einzige Zerstreuung der in der Werkstätte West an ganz abgelegener Stelle diensttuenden Feuerwehrmannschaft und wird auch bei Betriebsappellen usw. für die Belegschaft gebraucht. Im Sinne meiner heutigen Rücksprache mit Herrn Oberamtmann Lang bitten wir um beschleunigte Reparatur des Apparates, den wir Ihnen heute durch Boten zustellen.

Deutsche Reichsbahn
Reichsbahnmaschienenamt München 2
Bww West VO

+++

An RBD München,
München, 22. Juni 1943

Durch: MA München 2
Betreff: Kläranlage der Werkstätte Mü-West, des Bww Mü Hbf

Wenn schon die geplante Umzäunung aus Zeitgründen nicht in absehbarer Zeit erfolgen kann, so ist schon viel erreicht, wenn man von höherer Stelle aus die Leute nicht mehr in das Gelände mit der Erlaubnis der Grasnutzung lässt. Das in dem Gelände anfallende Gras wird während des Krieges für die Hasenzucht der Belegschaft benötigt und verwendet.

Nach dem Krieg immer noch das größte Betriebswerk

Nach dem Zweiten Weltkrieg konnte die Deutsche Bundesbahn auf die funktionierenden Anlagen des Bww und späteren Bw 2 zurückgreifen. Die baulichen Anlagen blieben größtenteils von Kriegsschäden verschont. Allerdings hatte das Gebäude immer noch seinen Tarnanstrich. Noch Jahre später berichteten die verschiedenen Dienststellenleiter, dass dieser Anstrich nur sehr aufwendig zu entfernen sei. Deshalb sprechen auch heute noch viele von einer sehr verschmutzten Fassade. Immer wieder hört man im Zug die Fahrgäste diskutieren, warum dieser Überrest aus dem Krieg noch nicht beseitigt ist, ohne zu wissen, was hinter diesen Mauern alles gearbeitet wird.

München Hbf (Egbf)—München-Laim—

Höchstgeschwindigkeit Mhh—Pw 40 km/h
ab Pw 20 km/h

G 34.16 (54[15] [17]) Last 600 t b

			□ 14506 (82,2)	
1	2	3	4	6
		München Hbf (Egbf)	—	7 00
2,6		Mü-Laim	7 11	29
1,6		Abzw Vorbf Mü-Laim .	—	34
1,5		Mü-Pasing	37	7 56
1,0		Abzw Mü-Pasing West	—	58
2,0		Abstellbf Mü-West . . .	8 03	—
8,7				

Auszug aus dem Schadzug-Fahrplan Sommer 1947.

Quelle: Dr. Rampp/Sammlung Armin Franzke

Während der ersten 25 Jahre ihres Bestehens wurden an der Wagenhalle keine nennenswerten Umbauten oder Erneuerungen vorgenommen. Die Halle ist rund 340 Meter lang und etwa 80 Meter breit. Das Betriebswerk ist von der Hallengröße das größte seiner Art in Deutschland. In der Halle bieten neun Gleise mit je einer Nutzlänge von 330 Metern optimale Voraussetzungen für eine Ganzzugbehandlung. Das Bw, unmittelbar an der Bahnlinie München – Augsburg, befindet sich am heutigen S-Bahn-Haltepunkt Langwied. Nach dem Krieg sowie in den 50er und 60er Jahren klagten die Mitarbeiter des Werkes über die schwere Erreichbarkeit ihrer Dienststelle .

Im Jahr 1967 wurde in Gleis 7 eine Unterflurdreheinrichtung eingebaut. Sie löste eine bis dahin im Bw Freilassing in Eigenkonstruktion und Eigenbau erstellte Maschine ab, die dort viele Jahre im Einsatz war. Die Unterflur-Drehbank ermöglicht es, die Radreifen aller in München beheimateten Loks, Triebwagen und Reisezugwagen zu behandeln. Die Unterflur-Drehbank erspart viel Arbeit: Früher mussten die Radsätze zum Abdrehen von Flachstellen oder zur Profilberichtigung erst mühsam aus- und wieder eingebaut werden.

Bis Mitte der 60-er Jahre existierte im Werk eine Innenwaschanlage am Gleis 8 (hier eine Nachkriegsaufnahme).
Links: Ein Wagen der damaligen DSG. Foto: DB Museum Nürnberg

Ebenfalls ein Foto aus der unmittelbaren Nachkriegszeit: Schnellzugwagen in der Halle. Foto: DB Museum Nürnberg

Die Werkstatt ist mit dem Betriebsbahnhof Pasing West verbunden. Über diese Verbindung werden die Lokzuführungen nach Pasing oder zum Hauptbahnhof sowie die vorbereiteten Reisezuggarnituren abgefahren. Zu den Einrichtungen gehört auch eine Außenreinigungsanlage für Reisezugwagen. Diese wurde in den 60er-Jahren anstelle der im Foto vorgestellten Hallen-Waschanlage errichtet und hat den Nachteil, das sie bei Frosttemperaturen nicht mehr benutzt werden kann.

Ende der 70er Jahre begann man mit ersten Erneuerungsarbeiten. So wurde zwischen 1978 und 1981 der gesamte Hallenboden erneuert, 1987 erhielt die Wagenhalle, die bis dahin an das danebenstehende Fernheizwerk angeschlossen war, eine eigene Heizanlage. Zwischen 1987 und 1990 hat die Bahn auch die Dacheindeckung erneuert.

Während heute mehr als 200 Mitarbeiter immer noch rund 850 Reisezug-Wagen betreuen, hatte das Bw München 2 im Jahr 1990 noch 770 Mitarbeiter, die Instandhaltung, Wartung, Innenreinigung und Zugfertigstellung erledigten (heute wird ein Teil der Aufgaben von DB-Service übernommen). Im Jahr 1990 waren rund 1000 Rei-

Auch die für den „Rheingold“ und den „Rheinpfeil“« beschafften klimatisierten TEE-Wagen wurden in München-Pasing werkstattmäßig unterhalten. Hier ein 1.-Klasse-Großraumwagen (Ap4üm) am 23. Juli 1965 in Pasing.

Foto: Walter Hanold, Sammlung Jörg Sauter

Der ABüm 225 mit der Nummer 51 80 31-40 489-1 wurde am 23. September 1968 im Pasinger Werksgelände angetroffen.

Foto: Walter Hanold, Sammlung Jörg Sauter

Eine der Attraktionen der Internationalen Verkehrsausstellung 1965 in München waren die 200-km/h-Fahrten der Deutschen Bundesbahn zwischen dem Münchner Ausstellungsgelände und Augsburg. Dazu hatte die DB zwei Zuggarnituren zusammengestellt, in denen nicht nur Av4üm und Ap4üm in Blau/Creme oder Rot/Creme eingereiht waren. Zusätzlich setzte die DB auch mehrere für die Schnellfahrten adaptierte A4üm ein, wie hier der A4üm 12076, der am 23. Juli 1965 in München-Pasing zu sehen war.
Foto: Walter Hanold, Sammlung Jörg Sauter

sezugwagen (IC-, Schnellzug-, Gesellschafts-, Nahverkehrs- und Speisewagen im „Bw Pasing“ beheimatet. Bei der Instandhaltung fielen etwa 4400 Bedarfsausbesserungen und 950 Fristarbeiten pro Monat an. Wöchentlich wurden etwa 1300 Wagen innen und 450 Wagen außen gereinigt. Monatlich wurden 280 Triebfahrzeuge und 50 Reisezugwagen in der Radsatz-Unterfluranlage behandelt. Auch eine Werkstatt für Zuglaufschilder war in Pasing vorhanden. Obwohl nie größere Investitionen in die Anlagen erfolgten, war „Pasing“ immer ein Garant für zuverlässige Arbeit. Mit den rund 850 betreuten Reisezugwagen ist die Betriebswerkstatt Pasing nicht nur räumlich, sondern auch vom Arbeitsaufkommen das größte Betriebswerk in Deutschland.

Besondere Fahrzeuge und ihre Geschichte

In den 50er Jahren war die Eisenbahnwelt noch bunt und vielfältig und bot viele Leckerbissen für die nach dem Krieg noch geringe Zahl von Eisenbahnfreunden. Drei besondere Fahrzeuge, von denen nur noch der Gläserne Zug (ET 491) vielen in Erinnerung sein dürfte, waren auch regelmäßig zu Gast in Pasing. Im folgenden Bilder und kurze Geschichten dazu.

DDR-Nachkriegs-Schnellzug im Bw: Der FDt 129/130 „Saßnitz-Express"

Nach dem Zweiten Weltkrieg waren wegen der von Deutschland abgetrennten Gebiete östlich von Oder und Neiße sowie der Teilung des verbliebenen Gebietes viele Verbindungen unterbrochen. Diese mussten – wenn es überhaupt möglich sein sollte – wieder neu geknüpft oder durch andere Verbindungen ersetzt werden. Die Schwedischen Staatsbahnen (SJ) beantragten bereits auf der Internationalen Fahrplankonferenz 1953 in Athen die Wiederherstellung der Verbindung Stockholm – München über Trelleborg – Saßnitz. Die beteiligten Bahnverwaltungen SJ, DR und DB hat-

Eine weitere Aufnahme von Walter Hanold zeigt den als „Saßnitz-Express" verkehrenden VT 137 233 der DR im Juni 1958 im Bww Pasing

ten zwar die Voraussetzungen für einen solchen Zuglauf vereinbart, jedoch gelang es nicht, die für Sommer 1954 geplante Einführung des Zugpaares auch tatsächlich zu realisieren.

Die Anfang 1955 wieder aufgenommenen Gespräche führten dann zum Erfolg. Zwischen Saßnitz Hafen und München sollten Schnelltriebwagen (SVT) der Vorkriegsbauart „Köln2 der DR eingesetzt werden. Die DR stellte außerdem die Lokführer, die DB den Lotsen für ihren Bereich. Außerdem hatte die Bundesbahn für die Abstellung und die Reinigung des Fahrzeugs in München sowie für die Unterkunft der Reichsbahn- und der Mitropa-Personale zu sorgen.
Das Zugpaar verkehrte vom 13. Juni bis zum 30. August 1955 zweimal wöchentlich. Jeweils am Sonntag- und Mittwochabend starteten in Stockholm zwei Schlafwagen als Kurswagen des „Holland-Skandinavien-Ex-

Nach dem Zweiten Weltkrieg versuchten SJ, DR und DB alte Zugverbindungen wieder einzurichten, so u.a. den „Saßnitz-Express“. Bei diesem kamen SVT der Bauart „Köln“, aber auch solche der Bauart „Leipzig“ zum Einsatz, wie z.B. hier SVT 137 233 im Juni 1958 in Pasing vor seiner Rückleistung nach Norden. Foto: Walter Hanold, Sammlung Jörg Sauter press“. Diese beiden Wagen fuhren ab Hässleholm als „Sassnitzexpressen“ über Malmö, wo noch ein weiterer Schlafwagen angehängt wurde, zum Fährschiff in Trelleborg. Um den Reisenden eine ausreichende Nachtruhe zu ermöglichen, wurden die Wagen bis Saßnitz trajektiert. Nach der Ankunft in Saßnitz Hafen am Montag- oder Donnerstagmorgen wurden die Wagen am Bahnsteig bereitgestellt. So konnten die Reisenden bequem in den auf dem anderen Gleis des Bahnsteigs bereitgestellten SVT umsteigen. Als FDt 130 „Saßnitz-Express“ (Saßnitz Hafen ab 9.15 Uhr) kletterte der Triebwagen dann die Rampe zum Saßnitzer Bahnhof hinauf, um nach dem Fahrtrichtungswechsel bis zum Grenzbahnhof Gutenfürst durchzufahren. Den Bahnhof Gutenfürst verließ der Zug um 18.18 Uhr. Weitere Halte waren Hof (18.33/18.38 Uhr) und Regensburg (21.09/21.14). München Hbf erreichte der FDt 130 um 22.59 Uhr.

Am nächsten Morgen (jeweils Dienstag bzw. Freitag) trat der SVT um 6.23 Uhr als FDt 129 die Rückreise an, wieder mit Halt in Regensburg (7.55/8.10 Uhr) und Hof (10.40/10.54 Uhr), und erreichte Gutenfürst um 11.09 Uhr. Von dort ging es – ohne Verkehrshalt – nach Saßnitz Hafen und weiter mit dem Schlafwagen über die Fährlinie nach Schweden. Bereits im ersten Jahr war das Zugpaar gut besetzt, doch Überlegungen, künftig täglich zu fahren, scheiterten an der Triebwagenknappheit der Reichsbahn.

Im Sommer 1956 verkehrte das Zugpaar an denselben Verkehrstagen wie im Vorjahr vom 11. Juni bis zum 31. August, wobei sich die Fahrzeiten nur geringfügig veränderten. Wie im Jahr zuvor waren beide Züge nicht für Interzonenreisende zugelassen. Außerdem war nun auch FDt 130 im Binnenverkehr der DB platzkartenpflichtig.

Das Jahr 1957 brachte wesentliche Änderungen. Der Zug verkehrte vom 3. Juni bis zum 30. August wie bisher. Allerdings gab es jetzt für Interzonenreisende keinen Sperrvermerk mehr. Vielmehr hielten die SVT nun in Berlin Ostbahnhof. FDt 130 verließ diesen um 13.02 Uhr, FDt 129 erreichte ihn um 16.30 Uhr. Dadurch verlängerten sich die Fahrzeiten in beiden Richtungen im DR-Bereich deutlich. FDt 130 fuhr erst um 18.30 Uhr ab Gutenfürst und erreichte München Hbf um 22.56 Uhr. Die Fahrzeiten in der Gegenrichtung blieben im DB-Abschnitt gleich. Beide Züge waren weiterhin platzkartenpflichtig.

Wie schon ausgeführt, wurden planmäßig SVT „Köln“ eingesetzt, ersatzweise aber auch andere Bauarten. Bekannt ist der Einsatz von SVT der Bauart „Leipzig“. Dies führte wegen der anderen Innenraumaufteilung jedoch bei der Platzreservierung zu Problemen. Im Gegensatz zu den SVT der DB hatten die Fahrzeuge der DR stets zwei Wagenklassen.

Eine weitere Aufnahme von Walter Hanold zeigt den „Saßnitz-Express" Juni 1958 in Pasing.

Im Sommer 1958 verkehrte der SVT nicht mehr. Seit Öffnung der Verbindung für Interzonenreisende waren die Beschränkung auf nur zwei Verkehrstage und die geringe Platzkapazität nicht mehr hinnehmbar. So wurde die Verbindung in ein lokbespanntes, täglich verkehrendes Zugpaar umgewandelt. Die Zugnummern und der Name „Saßnitz-Express" blieben aber erhalten. Die Züge verkehrten nun über den Bahnhof Berlin Zoologischer Garten zum Ostbahnhof und umgekehrt. Mitgeführt wurden ein Schlafwagen 1. und 2. Klasse Malmö – München – Malmö sowie ein Speisewagen der Mitropa Berlin – München – Berlin.

Damit endete bereits nach wenigen Jahren sang- und klanglos eine interessante Schnelltriebwagen-Verbindung, die – in normalen Zeiten – sicher noch lange Bestand gehabt hätte.

Die „Kombi-Loks" der Baureihe E 80

Die Lokomotiven waren wegen Ihrer Kombination von Akku- und E-Lok eine technische Sensation. Die fünf Exemplare wurden zunächst komplett beim Bw München Hbf stationiert. Eingesetzt waren sie im Rangierdienst im Münchner Hauptbahnhof sowie für die Bedienung von Industrieanschlüssen und kleiner Güterbahnhöfe im Münchner Stadtgebiet. In dieser Funktion konnte man sie mit Übergaben auf dem Südring bzw. im Rangierdienst auf den Bahnhöfen München-Laim und München-Süd sehen. Im Zweiten Weltkrieg wurden E 80 02, 04 und 05 schwer beschädigt, wobei E 80 04 gemäß eines erhalten gebliebenen Schriftverkehrs sowohl durch Luftangriffe beschädigt, als auch als „schwere Unfallok" beschrieben wird. Sie musste am 21. Februar 1944 ausgemustert werden.

Die beiden anderen Schadlokomotiven wurden 1944/45 von der Ausbesserung zurückgestellt und kehrten erst 1953 in den Einsatzbestand zurück. Von den verbliebenen E 80 01 und 03 setzte das Bw München Hbf gemäß Umlaufplan in den Nachkriegsjahren bis Mai 1949 eine Maschine im Rangierdienst im Bww Pasing und der dortigen Wagenreinigungshalle ein. Diese auch als Abstellbahnhof bezeichnete Anlage errichtete die Deutsche Reichsbahn im Zuge der geplanten Umgestaltung der Münchner Bahnanlagen Ende der dreißi-

Altmeister Carl Bellingrodt beobachtete die E 80 01 an einem Wintertag 1957 im Akkubetrieb beim Rangierdienst vor der Wagenhalle in München-Pasing. Später wurde die Lok mit Rangierfunk nachgerüstet. Auf einem am Dach angeschraubten Vorbau ist die dazugehörige Antenne zu erkennen. Foto: Carl Bellingrodt/EK-Verlag ger/Anfang der vierziger Jahre westlich des Bahnhofs Pasing zwischen den Strecken nach Augsburg und Buchloe.

Die zweite Lok kam bedarfsweise vor kurzen Nahgüterzügen unter anderem nach Mittersendling zum Einsatz. Allerdings war E 80 01 vom 4. Dezember 1947 bis Ende April 1950 von der Ausbesserung zurückgestellt und folglich nicht mehr im Einsatz. Die verbliebene E 80 03 übernahm ab September 1949 den Rangierdienst an der Ellokhalle des Bw München Hbf, deren erste drei Hallengleise damals noch keine Oberleitung besaßen. Sie verschob Fahrzeuge, die zur Reparatur oder zu Fristarbeiten anstanden, und übernahm auch anderweitige Rangieraufgaben im Bw-Gelände. Später übernahm E 80 01 diese Aufgabe allein, nachdem E 80 03 am 20. Mai 1951 zum Bww Pasing umbeheimatet worden war. E 80 03 oblag erneut der Verschub im Abstellbahnhof und der Wagenhalle, wo noch heute Reisezuggarnituren zusammengestellt und gewartet werden. Am 31. Mai 1955 wechselte auch E 80 01 nach Pasing, so dass bis 1958 keine dieser Lokomotiven beim Bw München Hbf stationiert war. Den Verschub an der Ellokhalle erledigte jetzt eine E 80 des Bww.

Seit 1953 standen die instand gesetzten Kriegsschadloks E 80 02 (ab 6. November) und E 80 05 (ab 29. August) wieder zur Verfügung. Sie kamen beim Bw München Ost zum Einsatz, wobei E 80 05 vom 16. Dezember 1953 bis 25. März 1954 kurzzeitig zum Bw München Hbf gehörte. Der Einsatz der beiden E 80 erfolgte von September 1955 bis Mai 1958 im Rahmen eines eintägigen Umlaufplans, der zwei Nahgüterzüge von München Ost nach Ismaning vorsah. Unterwegs wurde der Anschluss der Keramikfabrik Agrob bedient. Die tägliche Laufleistung betrug 69 km. Nach einer Flankenfahrt, die schwere Rahmenschäden nach sich zog, musste E 80 02 am 6. Dezember 1957 auf "z" gestellt und am 9. März 1959 ausgemustert werden. Mit der Umbeheimatung der E 80 05 am 4. Juni 1958 zum Bw München Hbf endete der E 80-Einsatz im Münchner Osten.
Seit dem 20. Juli 1958 befanden sich alle drei verbliebenen E 80 wieder beim Bw München Hbf und fanden in den gewohnten Diensten an der Ellokhalle (1 Lok) und in Pasing-West (1 Lok) Verwendung. Zu dieser Zeit war das Ende der inzwischen recht unterhaltungsaufwändigen Einzelgänger bereits absehbar, denn mit der Lieferung neuer V 60 an das Bw München Hbf stand die Ablösung schon bereit. Die täglichen Laufleistungen der E 80 waren mit Werten im 50-km-Bereich recht bescheiden, was sich ungünstig auf die Unterhaltungskosten in DM pro 1000 Lok-Kilometer auswirkte: Der entsprechende Wert der E 80 lag um das Vierfache über jenem der V 60 und E 63. Nach fast 30 Jahren Betriebseinsatz erwiesen sich die E 80 in zunehmendem Maße als störanfällig, Ersatzteile waren nur noch mit lan-

gen Lieferzeiten und als Einzelanfertigung zu bekommen. Für die anstehende Grundüberholung zahlreicher E-Lok-Baureihen kam die als Splittergattung geltende E 80 ohnehin nicht mehr in Frage. So wurde E 80 05 mit Ablauf der Untersuchungsfrist am 28. August 1959 z-gestellt. E 80 03 folgte am 30. Oktober 1959.

Es verblieb nur noch E 80 01, die in ihren letzten vier Betriebsjahren als Versuchsträger diente. Ermutigt durch Fortschritte in der Leistungselektronik, hatte Siemens Siliziumgleichrichter mit hoher Leistung und kleinen Abmessungen entwickelt, die nun erstmals auf Wechselstrom-Fahrzeugen erprobt werden sollten. Nachdem E 80 01 bereits seit 1938 mit einem robusteren Selen-Gleichrichter fuhr, baute das AW München-Freimann zwischen Mitte 1956 und Mai 1957 im Auftrag von SSW einen 800-kW-Siliziumgleichrichter, einen auf 1000 kVA verstärkten Transformator, einen Schnellschalter sowie eine zusätzliche Fahrmotorlüftung ein. Die Leistung der Lokomotive verdoppelte sich dadurch annähernd.

Ihre Erprobung diente der Gewinnung erster Betriebserfahrungen im Hinblick auf den Bau der ersten drei Mehrsystemlokomotiven der DB, die 1959/60 als Baureihe E 320 geliefert wurden. Damit hatte die umgebaute E 80 01 ihren Zweck erfüllt. Sie blieb noch einige Zeit in einem eintägigen Umlaufplan als dritte Rangierlok in Pasing im Einsatz. Am 3. Juni 1961 genehmigte die DB-Hauptverwaltung ihre Ausmusterung. Als letzte E 80 zerlegte sie die Fa. Layritz in Feldkirchen zwei Jahre später.

Der „Gläserne“ am 23. August 1986 vor dem Lokschuppen in Reutte in Tirol Foto: Troche, „Der Gläserne Zug“

Der Gläserne Zug – eine beliebte Rarität

Zum 100. Geburtstag der Eisenbahn in Deutschland wurde 1935 der Gläserne Zug in Dienst gestellt. 60 Jahre erfreute dieses beliebte Bahnfahrzeug die Herzen unzähliger Fahrgäste. Mit dem Unfall im Dezember 1995 in Garmisch-Partenkirchen endete diese Erfolgsgeschichte des ET 491, der oft zu Gast in Pasing war. Eisenbahner, die zwei Stunden nach dem Unfall an der Unglücksstelle waren, erzählten, dass es für alle ein Schock war, den „Glaszug“ so zerstört zu sehen.

Die Erfolgsgeschichte Gläserner Zug begann aber sehr erfreulich. Am 8. Dezember 1935 wurden in Nürnberg

Li. und Mitte: Der „Gläserne“ bei Klais. Rechts: Ein Büssing-Schienen-Kw bringt den Triebwagen am 5. Juni 1985 in Korneuburg (Niederösterreich) zum Werk Schwechat der Österreichischen Mineralölverwaltung Foto: Troche, „Der Gläserne Zug“

anlässlich einer Reichsbahn-Ausstellung die Aussichtstriebwagen elT 1998 und 1999 erstmals der Öffentlichkeit vorgestellt. Anschließend kamen beide Fahrzeuge nach München. Ziel war es, mit diesen Aussichtstriebwagen eine Alternative zu Omnibusausflugsfahren anzubieten. Mit den „Alpen vor der Haustüre“ startete der Zug zu zahlreichen Zielen. Der Zweite Weltkrieg zeigte auch hier seine Auswirkungen. Ein Triebwagen wurde bei einem Bombenangriff 1943 zerstört und konnte nicht mehr instand gesetzt werden. Der zweite, inzwischen mit der Betriebsnummer ET 91 01 versehen, wurde im oberbayerischen Bichl hinterstellt und entkam so den Kriegswirren. In Eisenbahnerkreisen wurde berichtet, dass der Glaszug in Bichl regelrecht eingemauert worden sei, damit das Fahrzeug unentdeckt blieb. Nach dem Krieg kam der ET 91 01 erneut nach München und wurde im früheren Wagenwerk Pasing wieder für einen Fahrgasteinsatz vorbereitet. Aus Überlieferungen geht hervor, dass die Mitarbeiter der Werkstatt sehr stolz waren, an diesem Fahrzeug arbeiten zu dürfen. Später wurde der Gläserne Zug im Bw München Hbf beheimatet.

Von München aus wurden auch die zahlreichen Ausflugsfahrten gestartet. Neben Zielen im Alpenvorland steuerte der „Glaszug“ auch Orte an der Nord- oder Ostsee, in der Schweiz, in Österreich, im Elsass, oder in Ungarn an. Allerdings musste er zahlreiche Strecken mit Hilfe einer Lokomotive befahren, weil entweder keine Oberleitung zur Verfügung stand oder ein anderes Stromsystem den Einsatz behinderte.

Die Fahrgäste haben die Fahrt mit dem Gläsernen Zug genossen. Er bot den Insassen freie Sicht in alle Richtungen. Mit einer Höchstgeschwindigkeit von 110 km/h konnten 72 Passagiere zu schönen Ausflugszielen fahren. Am beliebtesten waren die große Alpenrundfahrt, die Kaiser-

Rundfahrt, die Karwendelrundfahrt sowie Touren nach Rothenburg o. d. Tauber und Straßburg. Neben dem „offenen“ Programm der Deutschen Bahn gab es auch die Möglichkeit von Sonderfahrten. So kam es oftmals vor, dass Fahrgäste aus Begeisterung über den schönen Ausflug noch im Zug für ihre Firmenausflüge spontan dieses einmalige Fahrzeug charterten.

Über derartige Erlebnisse berichten die Mitarbeiter des Gläsernen Zugs immer wieder. Der Glaszug zählte viele Stammkunden. Diese schätzten den freien Ausblick und die interessanten Ziele sowie die fachkundige Reisebegleitung. Einer der Reiseleiter war Hans Wildfeuer. Mit seiner Sachkenntnis, seinem Humor und bajuwarischem Charme betreute und unterhielt er die Gäste.

Eines seiner schönsten Erlebnisse erzählt er immer wieder: „An einer Fahrt nach Fulda nahm eine ältere Dame teil, die von ihrer Tochter zum Zug gebracht wurde. Mit Stolz zeigte sie ihre Fahrkarte vor. Ich brachte sie zu ihrem Platz. Anschließend kam noch die Tochter zu mir und sagte mir, dass diese Fahrt ein Geschenk der Familie sei und ich doch bitte ein besonderes Auge auf ihre Mutter werfen möchte.
Neben dem üblichen Programm hatte ich nun auch noch die Aufgabe, auf eine sehr nette, aber doch schon ältere Person aufzupassen. Trotz ihres Alters wollte sie alle Programmpunkte mitmachen. Also nahm ich sie in Fulda an den Arm und zog mit ihr durch die Stadt, den Dom und die Orangerie. Sie war dann etwas erschöpft, aber immer noch fidel. In München wurde sie von ihrer Tochter wieder abgeholt. Als sie schon einige Meter vom Zug entfernt war, löste sie sich nochmals vom Arm ihrer Tochter und kam noch einmal zurück. Sie bedankte sich bei mir mit einem Busserl und sagte, dass das heute der schönste Tag in ihrem Leben war. Diese Reaktion hatte ich nicht erwartet und war sehr gerührt.“

Immer schwieriger wurde es, den Glaszug in Betrieb zu halten. Ersatzteile mussten oftmals von Hand gefertigt werden. Ein Vorfall an der Donnersbergerbrücke bestätigte dies. Nach der Ausfahrt aus dem Hauptbahnhof blieb der Zug auf Höhe vom Bw München Hbf liegen. Auf „kurzem“ Weg kamen die Techniker vom Bw dem Triebwagen zu Hilfe. Nach einer kleinen Reparatur setzte der Zug seine Fahrt fort.

Die Fahrgäste saßen immer in Fahrtrichtung. Die Sitzbänke ließen sich bei einem Fahrtrichtungswechsel problemlos umklappen. Auch wenn sich das heute wenig komfortabel anhört. Das zeichnete den Gläsernen Zug aus. Die Passagiere liebten ihn auch deshalb. Viel wichtiger war, dass er freie Sicht für alle gewährte.
Manche Fahrgäste buchten immer die Plätze hinter dem Lokführer, andere Stammgäste belegten lieber hintere Reihen.

ET 20 105 von Stern & Hafferl schleppt ET 491 am 4. Mai 1985 von Lambach nach Vorchdorf.

Foto: Troche, „Der Gläserne Zug“, DGEG

In der „Vor-Handy-Zeit“ waren Telefonkarten an der Tagesordnung. Diese nützlichen Helfer schmückten sich zum Teil mit besonderen Motiven. Auch der Gläserne Zug wurde darauf abgebildet und zu seinem 60. Geburtstag wurden Telefonkarten in einer geringen Auflage hergestellt. Viele davon befinden sich heute noch bei den Sammlern.

Leider ging die Geschichte des „Glaszuges“ jäh zu Ende. Kurz nach dem 60. Geburtstag startete der Zug am 12. Dezember 1995 in München Hbf zu einer Karwendel-Rundfahrt. Bei der Einfahrt in den Bahnhof Garmisch-Partenkirchen kam es zu einem Zusammenstoß mit dem ausfahrenden RE 3612 (Innsbruck – München). Ein Reisender wurde dabei getötet und über 50 Fahrgäste wurden zum Teil schwer verletzt. Der Unfall ereignete sich gegen 9.30 Uhr. Dabei hatte der Gläserne Zug Einfahrt in den Bahnhof. An der Unglücksstelle herrschten noch Stunden später Entsetzen und tiefe Trauer. Keiner konnte dieses schreckliche Unglück fassen.

Eine Wiederinbetriebnahme des Zuges scheiterte an den zu hohen Kosten. Seit 1998 gehört das Fahrzeug dem DB Museum in Nürnberg. Auf Initiative des Stammlokführers Horst Büttner wurde der ET 491 im Bahnpark Augsburg hinterstellt. Dort können nun die Besucher dieses einmalige Fahrzeug besichtigen.

Vom Betriebswagenwerk zur Regio-Werkstatt

Die Entwicklung des Betriebswagenwerkes vor und nach der Bahnreform

Entwicklung bis zur Bahnreform

Nach der Gründung der Deutschen Bundesbahn nach dem Zweiten Weltkrieg wurde aus dem Reichsbahnbetriebswerk das Betriebswagenwerk (Bww München Hbf/Pasing) als eine Dienststelle innerhalb der Bundesbahndirektion (BD) München. Die fachdienstliche Aufsicht hatte das Dezernat 22 – wagentechnischer Dienst – der BD München. Weiterhin war das Bww dem Maschinenamt (MA München 2) unterstellt.

Diese Unterstellungsebene änderte sich mit der Auflösung der MA München 2. Anstelle des MA München 2 trat das MA München 1. Nach der Auflösung der Maschinenämter bundesweit wurde das Betriebswagenwerk München Pasing nun unter der neuen Bezeichnung „Betriebswerk München 2" der neugeschaffenen Regionalabteilung (RA) München 1 angegliedert. Bis zur Bahnreform war das Bahnbetriebswerk München-Pasing eine von acht Dienststellen im Raum München und firmierte zuletzt unter der Bezeichnung „Bw München 2". Der Aufgabenbereich umfasste die Instandhaltung der Reisezugwagen, die Reinigung, die Wagenuntersuchung, die Materialbeschaffung und die Instandhaltung der maschinen- und elektrotechnischen Einrichtungen des Betriebswerks. Das Aufgabengebiet hatte sich im Wesentlichen nicht geändert. Diese Organisation bestand bis zur Bahnreform zum 1. Januar 1994.

Bis zum 31. Dezember 1993 war in einem Betriebswerk der Dienststellenleiter für alle Belange zuständig gewesen. Dazu zählten die eigentliche Werkstatt, die Triebfahrzeuge und das Personal. Unterstützt wurden die Dienststellenleiter von den Gruppenleitern A, B und C. Dabei stand A für die Personalangelegenheiten, B für Produktion und C für die Werkstatt. Die A-Gruppe trug die Verantwortung für die Personalwirtschaft und die Verwaltungsangelegenheiten.

Die Produktion (B-Gruppe) umfasste mit den Lokführern und den Triebfahrzeugen den größten Aufgabenbereich im Betriebswerk. Hier ist besonders die Lokleitung mit der Planung der Einsätze der Fahrzeuge und auch der Triebfahrzeugführer zu erwähnen. Wer bei einem Tag der offenen Tür Einblicke in ein Bw bekommen hat, wird vermutlich auch von einem regen Treiben in der Lokleitung berichten können. Die Fahrzeuganforderung, -bereitstellung und rechtzeitige Meldung der Lokführer zum Dienst waren oftmals eine spannende, wenn nicht sogar recht stressige Dispositionsaufgabe.

In der C-Gruppe waren mehr die Schraubenschlüssel und die Messgeräte gefragt. Sie war für den Werkstattbetrieb verantwortlich und zu Recht die Hauptschlagader des Bw . Die Fahrzeugflotte zu fristen oder zu reparieren blieb das Tagesgeschäft der C-Gruppe. Der Arbeitsablauf in der Werkstatt wird in einem anderen Kapitel näher erläutert.

Nach der Bahnreform zum 1.1.1994:

Ab dem 1. Januar 1994 wurde vieles geändert. Die wohl deutlichsten Veränderungen brachte die Bahnreform für die Betriebswerke (Bw) der Deutschen Bundesbahn. Die Allgemeinheit und die Fahrgäste bemerkten diese Strukturveränderung fast nicht. Die Mitarbeiter der Bahn spürten die Änderung allerdings im täglichen Betrieb. Alle Bereiche mussten sich an neue Ansprechpartner gewöhnen. Der Betriebsmaschinendienst hatte gewachsene Strukturen innerhalb der Deutschen Bundesbahn. Mit dem Start der neuen Deutschen Bahn AG zum 1. Januar 1994 trennte sich die Bahn von bewährten Abläufen.

Das Betriebswerk wurde nun eine Niederlassung des neu geschaffenen Geschäftsbereichs (GB) Werke und dem Werk München-Neuaubing zunächst als selbstständige Einheit angegliedert. Später wurde Pasing nach einer inneren Strukturänderung innerhalb des GB Werke nur noch als Werksegment dem Werk München-Neuaubing unterstellt (das vor einigen Jahren stillgelegt worden ist). Das Werksegment München-Pasing befasste sich nur noch mit der Instandhaltung der Reisezugwagen.

Mit der neuen DB AG übernahmen die Geschäftsbereiche die Aufgaben der Betriebswerke. Für die bisherigen B- und C-Gruppen waren nun der GB Traktion und der GB Werke zuständig. GB Traktion war verantwortlich für das Lokpersonal sowie für die Fahrzeuge und der Bereich Werke für die eigentliche Werkstattarbeit. Ein bisher bei der Bahn nicht gekannter Ablauf sollte zum Tagesgeschäft werden. Der Geschäftsbereich Werke war nun abhängig von den Aufträgen des GB Traktion. Dieser erteilte präzise Arbeitsaufträge und war auch für die Abnahme der Arbeiten zuständig. Ebenso wurden seit der Strukturänderung die Betriebsbücher, Fristennachweise usw. vom GB Traktion und nicht mehr durch die Werke geführt. Kein Werk war mehr sicher, dass in dem bisherigen Umfang die Arbeiten weiterlaufen würden. Mit Kostenvoranschlägen und einer qualifizierten sowie pünktlichen Arbeitsdurchführung konnten die Aufträge gesichert werden.
Kurioserweise befanden sich die beiden GB unter einem Dach. Allerdings war das auch keine Garantie für eine

Auftragsvergabe. Immer öfter wurde die Wartung der Fahrzeuge an einen kostengünstigeren Anbieter vergeben. Der Wettbewerb innerhalb des Konzerns zeigte hier seine deutlichsten Spuren.
Bereits zum 1. Januar 1996 erfolgte die erste Neuorganisation des GB Werke. Von den etwa 152 selbstständigen Werken blieben nur 50 Einrichtungen im Unternehmen DB AG bestehen. Nach zwei Jahren dieser Organisationsform kam bereits die nächste Änderung. Durch Vorstandsbeschluss wurden die GB Traktion und Werke zum 1. Januar 1998 als selbstständige Einheiten aufgelöst. Je nach Werkeinrichtung und -standort erfolgte eine Eingliederung in die Bereiche Fernverkehr oder Regionalverkehr.

Das Werk Pasing fand sich bei DB Regio Regionalbereich Südbayern wieder. Die Aufgabenstellung war damit auch vorgegeben. Das Werk kümmerte sich von nun an um den Fuhrpark des Regionalverkehrs Südbayern. Dazu zählen neben den Lokomotiven die Personenwagen und verschiedene Triebwagen. Zur Auslastung des Werkes müssen immer wieder neue Aufträge akquiriert werden. So finden heute in Pasing auch Fristarbeiten an Reisezugwagen von DB Fernverkehr und von DB Autozug bzw. an Reisezugwagen von Dritten statt. Nicht selten werden auch Reparaturen an ausländischen Wagen vorgenommen. Sogar der französische TGV war bereits zu Gast im Werk Pasing.

ICE auf der Unterflur-Doppeldrehbank. Foto: R. Rossberg

Der aufgelöste Bereich Traktion fand sich in den verschiedenen Geschäftsfeldern wieder. Die Lokführer konnten zum Teil selbst wählen, wo sie künftig arbeiten wollten. Zur Auswahl standen, je nach Qualifikation, der Fernverkehr, DB Regio oder Railion. Viele Lokführer wechselten zu Railion, weil sie dort „stumme Ladung“ zu transportieren hatten. Andere wählten bewusst den Bereich Regio, da sie gerne mit Menschen zusammen sind und „heimatnah“ unterwegs sein wollten. So fand jeder nach der Umstrukturierung seinen geeigneten Arbeitsplatz.

Die Werke der DB AG sind heute selbstständige Einheiten. Wirtschaftliches Handeln steht bei den Verantwortlichen an oberster Stelle. Personaleinsatz, Auftragsabwicklung und die Akquirierung von Aufträgen anderer Eisenbahnunternehmen sind, ebenso wie für andere mittelständisches Unternehmen, überlebensnotwendig.

Mit der Auflösung des GB Werke wurde die Unterstellung wiederum geändert. Das Werksegment München-Pasing wurde nun als Werkstatt München-Pasing in den Geschäftsbereich DB Regio (Nahverkehr) eingegliedert. Das heißt, die Werkstatt ist seit Juni 2004 ein Teil von DB Regio Oberbayern. Sie ist für den Betrieb von über 800 Regionalzugwagen verantwortlich, die von München aus das Oberland erschließen.

Organisation des Betriebswerks zu Zeiten der Deutschen Bundesbahn

A-Gruppe
- Personaldienst
- Allgemeine Verwaltungs-Angelegenheiten

B-Gruppe
- Produktion
- Planung von Lokführern und Triebfahrzeugen
- Lokleitung
- Verfolgung von Unregelmäßigkeiten

C-Gruppe
- Planung der Arbeitsleistung im Werk
- Fristüberwachung der Fahrzeuge
- Reparatur und Wartung der Fahrzeuge

D-Gruppe
- Reinigung der Reisezugwagen

F-Gruppe
- Logistik und Materialwirtschaft

M-Gruppe
- verantwortlich für die Instandhaltung der Infrastruktur-Einrichtungen

Ein bunter Bilderbogen

Ein Bild sagt mehr als tausend Worte: Werfen wir deshalb nicht nur einen Blick ins Betriebsgeschehen des Werkes.

Die 144 029-6 vom Bw Rosenheim hat am 16. Mai 1982 gerade mit Lr 30 467 das Bw Pasing auf dem Weg zum Münchner Hauptbahnhof verlassen. Die „langen Halberstädter“ lassen darauf schließen, dass es sich um den D 467, einen Transitzug durch die DDR nach Berlin, handelt. Foto: Gerald Bendrien

Die 144 150-0 mit IC-Leerreisezug.

Alle Bilder dieser Seite: Joachim Schweichler

Die E 75 und E 40 am Westkreuz vor dem Einfahrsignal Pasing. Die „freie Fläche“ im Hintergrund existiert nicht mehr.

116 007-6 im Bahnhof Pasing aufgenommen von Joachim Schweichler im März 1969.

132 012-6 in Höhe des ehemaligen Haltepunktes „Hauptwerkstätte“ im September 1969.

Der ET 11 im Bahnhof Pasing: Zum Zeitpunkt der Aufnahme im März 1969 war der letzte ET 11 als Bahndienstfahrzeug unterwegs.

Auch dieser im September 1994 aufgenommene Lazarett-Wagen war Gast in der Reisezugwagen-Werkstatt. Foto: Ralf Roman Rossberg

Oben: 118 010-8 mit Bn-Wagen zwischen Bw und Bahnhof Pasing.
U.: 103 103-2 am Strasser-Gelände im Juni 1980
Fotos: Sammlung Joachim Schweichler (3)

Der Intercity-Experimental am 25. April 1985 vor dem Werk in Pasing.

Dampflok der BR 86 vor dem Bw. Fotos: J. Schweichler

ET 420 im Gefälle von Pasing her kommend.

Zwei E 18 zum Verschrotten bei der Firma Dück. Die Aufnahme entstand im April 1985. Foto: Schweichler

Hier werden bei einem Reisezugwagen die Radsätze getauscht. Foto: Christoph Grimm

Hoch motiviert bei der Arbeit: die Mitarbeiter der Wagenreinigung.

Foto: Ch. Grimm

Ein stimmungsvolles Bild von Christoph Grimm, das zeigt, wie lang die Halle der Wagenwerkstatt ist.

Eine Lok der Baureihe 217 von DB-Schenker (früher Railion) ist am 23. Januar 2008 zu Gast in München. Die Maschine ist in Mühldorf stationiert und wird vor allem im Chemiedreieck um Burghausen eingesetzt. Foto: Christoph Grimm

Der moderne Oberleitungstriebwagen der DB ist in Nürnberg stationiert. Zum Abdrehen der Räder kam er am 23. Januar 2008 in die Werkstatt Pasing.
Foto: Christoph Grimm

Instandhaltung: Was im Werk alles passiert

Das Tätigkeitsfeld in der Werkstatt Pasing ist vielfältig. Insgesamt 866 Wagen der unterschiedlichsten Bauarten wurden im Mai 2008 in Pasing betreut. Keine leichte Aufgabe für die Mitarbeiter.

1. Leistungsprofil

In der Werkstätte München-Pasing werden alle zugeordneten Reisezugwagen unterschiedlichster Bauarten instand gehalten:

- InterCity-Reisezugwagen (DB Fernverkehr)
- Doppelstockwagen (DB Regio)
- CityBahn-Wagen (n-Wagen), im Volksmund auch unter dem Namen „Silberlinge“ bekannt (DB Regio)
- Schlaf- und Liegewagen (DB Autozug)
- Autotransportwagen (Geschäftsbereich Autozug)

Darüber hinaus werden auch Sonderbauartwagen, wie zum Beispiel Messwagen für DB Systemtechnik instand gehalten.

Eine Lok, die Railion gehörte, dient zum Rangieren.

Auch die neuen klimatisierten Dostos werden in der Wagenwerkstatt Pasing gewartet. Fotos: Michael Werner

Weiterhin werden nach besonderer Beauftragung Reisezugwagen von ausländischen Bahnen technisch behandelt. Die Größenordnung an zugewiesenen Reisezugwagen stellt sich im Wesentlichen derzeit wie folgt dar:

DB Fernverkehr	219 Reisezugwagen
DB Regio	483 Reisezugwagen
DB Autozug	164 Reisezugwagen
Summe:	**866 Reisezugwagen**

2. Auszuführende Arbeiten

Im Rahmen der Instandhaltung fallen folgende Arbeiten an:

2.1 Inspektionsarbeiten (Fristarbeiten)

Die Fristarbeiten werden je nach Bauart nach Laufkilometern vorgenommen. So werden die n-Wagen alle 13.500 km, die Dosto alle 27.000 km einer Inspektion unterzogen. Die Reisezugwagen des Fernverkehrs sowie die von Autozug werden alle 12.000 km bei einer Inspektion untersucht. Das Instandhaltungssystem ist mehrfach gestuft. Es wird unterschieden nach Instandhaltungsstufen (IS), welche sich in ihren Arbeitsinhalten abgrenzen. Die IS100 ist die kleinste Frist, die IS520 ist die größte bzw. die umfangreichste Frist, welche nach 54.000 km abwechselnd mit der IS510 fällig wird. Für gewisse sicherheitsrelevante Bauteile, wie z.B. Zugsicherungseinrichtung, Linienzugbeeinflussung (LZB), Punktförmige Zugbeeinflussung (PZB), Bremsrevisionen, Zughakentausch wird nach Zeitfristen, d.h. nach Zeitintervallen durchgefristet.

2.2 Geschäftsfeld Bedarfsarbeiten
Darunter ist im Einzelnen zu verstehen: Radsatztausch, Behebung von Korrosionsschäden am Fahrzeugaufbau, Unterflur-Dreharbeiten, Gewaltschäden.

2.3 Revisionen an Reisezugwagen
Das sind zum einen Inspektionsarbeiten, zum anderen werden in diesem Rahmen sicherheitsrelevante Bauteile, wie z.B. Komponenten an der Bremsanlage, ggf. Druckbehälter, Komponenten der Türschließeinrichtungen, planmäßig getauscht.

Die Revisionsarbeiten werden alle sechs Jahre, bzw. acht Jahre fällig. Weiterhin werden bei den Revisionen die Eckkräfte des Wagenkastens gemessen bzw. neu eingestellt. Hierbei werden mittels einer Messeinrichtung die vom Wagenkasten auf die Fahrwerke (Drehgestelle) wirkende Kräfte festgestellt und ggf. neu justiert.

2.4 Ferner ist die Werkstatt München-Pasing für alle Schweißarbeiten zugelassen. Darüber hinaus werden Schweißer aus- bzw. weitergebildet.

2.5 Eine Besonderheit ist die rechnergesteuerte Unterflur-Drehmaschine (URD) Diese Maschine dient zur Reprofilierung des Radumfangs der durch Flachstellen, Ausbrüche oder sonstige Unrundheiten in Mitleidenschaft gezogen wurde. Diese Maschine ist in Tandembauweise ausgeführt, das heißt auf ihr können zwei Radsätze auf einmal innerhalb eines Drehgestells gedreht werden.Diese Maschine ist so ausgelegt, dass Radsätze aller gängigen Eisenbahnschienenfahrzeuge reprofiliert werden können. Auf dieser Maschine werden auch die ICEs radsatztechnisch behandelt.

Außerdem bildet die Werkstatt im Rahmen der Nachwuchspflege Lehrlinge aus. Ausbildungsfachrichtungen sind:
- Industriemechaniker
- Anlagenelektroniker
- Mechatroniker

Bei einem IC-Steuerwagen wird die Abdeckschürze abmontiert. Fotos: Michael Werner (4)

An einem Liegewagen werden Batterie und elektrische Einrichtung geprüft.

Mit diesem Gerät kann ein Reisezugwagen für den Achstausch mühelos angehoben werden.

Ein Liegewagen von DB Autozug wird gerade für einen Radsatzwechsel vorbereitet.

Kritisch wird der Wagen auf etwaige Mängel von unten betrachtet. Fotos: Michael Werner (2)

Eine qualifizierte Ausbildung wird bei DB Regio in der Werkstatt Pasing groß geschrieben.

Daten & Fakten DB Regio Oberbayern

• Mitarbeiter	836
• Davon Kundenbetreuer im Zug	226
• Davon Triebfahrzeugführer	338
• Davon in der Werkstatt München-Pasing	255
• Davon in der Werkstatt Freilassing	17
• Auszubildende	66
• Kaufleute für Verkehrsservice	26
• Eisenbahner im Betriebsdienst	14
• Elektriker Betriebstechnik	11
• Industriemechaniker Betriebstechnik	7
• Mechatroniker	8
• Streckennetz in Kilometern	716
• Stationen	116
• Triebzüge, Wagen, Steuerwagen	529
• Davon Triebwagen Baureihe 425	16
• Davon Triebwagen Baureihe 426	8
• Davon Doppelstock-Steuerwagen	12
• Davon Fahrradwagen	67
• Elektrische Lokomotiven	66
• Davon Baureihe 110	17
• Davon Baureihe 111	49
• Züge pro Tag	800
• Fahrgäste pro Tag	85.000
• Zugkilometer	8.300.000
• Einzugsgebiet (Quadratkilometer)	12.506

Die Menschen im Werk

Das Wichtigste in einem Bahnbetriebswerk sind nicht die Geräte, Vorschriften und Abläufe, sondern die Menschen. In einem Bereich, in dem es um die Sicherheit von Fahrzeugen und damit von vielen tausend Reisenden geht, ist qualifizierte und zuverlässige Arbeit besonders wichtig. Sechs Mitarbeiter stellen wir stellvertretend für alle anderen vor.

Schweißwerkstatt

„Zu mir kommen die Leute sogar von der Insel Wangerooge“

Hans-Peter Schels, 53, Lehrschweißer und Schweißfachmann:

„Ich bin fast 40 Jahre bei der Bahn, seit 1985 Lehrschweißer und seit 1997 Schweißfachmann. Ich bilde Schweißer vom Grundkurs bis zum Fachschweißer für tragende Teile, für röntgensichere Schweißarbeiten aus. Das Schöne an meinem Beruf ist, immer wieder neuen Menschen die Praxis und Theorie rüberzubringen und nicht nur den Lehrplan. Wichtig sind ein gutes Auge und Handfestigkeit. Schweißen ist eine sicher-

Hans-Peter Schels arbeitet seit fast 40 Jahren gerne für die Deutsche Bahn. Foto: Karl-Heinz Dix heitsrelevante Tätigkeit. Wenn man nicht richtig gearbeitet hat, fällt im schlimmsten Fall während der Fahrt ein Teil von einem Zug ab. Wir sind für die DB die führende Ausbildungswerkstatt. Zu mir kommen DB-Mitarbeiter bis aus Bremen und von der Inselbahn auf der Nordseeinsel Wangerooge."

Unterflur-Drehbank

„Wir drehen alles ab, sogar den TGV"

Heinz Reinosch, 51, Schlosser und Leiter der Unterflurdrehbank:

„Auf unserer Unterflurdrehbank drehen wir alles ab, was es gibt: die Achsen von Gleisbauzügen, Güterzügen, ICE, allen Reisezugwagen, Lokomotiven und Triebwagen der Betriebswerke in Mühldorf und Kempten. Wir beseitigen Flachstellen durch Abdrehen der Radsätze, wenn die Toleranzwerte am Radreifen nicht mehr stimmen, oder tauschen auch die Achsen aus. So kommen die ICE nach der regelmäßigen Ultraschallmessung ULM der Radsätze zu uns, wenn Ausbrüche, also leichte Anrisse im Radreifen festgestellt wurden oder eben die Werte nicht mehr stimmen. Wir sind wegen der kurzfristig anfallenden Arbeiten Montag bis Freitag und in allen sieben Nächten im Einsatz. Tagsüber ist samstags und sonntags ein Bereit-

Heinz Reinosch: „Auch der TGV war schon hier."

Foto: Dix

schaftsdienst eingerichtet. Auch Privatbahnen nutzen unseren Service. Manchmal allerdings etwas spät. Einmal sollten wir einen Radsatz abdrehen: Da war bloß nichts mehr zum Abdrehen, der Wagen fuhr schon auf den Rippen des Drehgestells. Auch der TGV war schon hier. Bei einer Messfahrt für den Regeleinsatz seit Dezember hatte sich der Lokführer verbremst und für eine ordentliche Flachstelle gesorgt. Das französische Personal bat dann: Nicht so viel abdrehen."

Achstausch

„Uns ist nichts zu schwer"

Werner Seifert, 55, Leiter Rädertausch:

„Ich bin schon seit 38 Jahren hier. Heute bin ich Gruppenführer, früher sagte man Vorhandwerker dazu. Ich bin für den Tausch der Achsen verantwortlich. Wir sind insgesamt zehn Mitarbeiter. Es ist eine schwere, schmutzige und harte Arbeit, bei der man genau arbeiten muss. Vor allem muss man jede Achse genau vermessen. Und deshalb ist es auch eine interessante Tätigkeit. Wie viele Achsen ich in meinem Leben schon ausgetauscht habe, kann ich nicht sagen. Bestimmt tausende. Wir sind jedenfalls so routiniert, dass ein Achsentausch nicht länger als eine Stunde dauert."

Werner Seifert ist Gruppenführer: „Früher sagte man Vorhandwerker dazu". Foto: Dix

Diese Prüfanlage für Vakuum-Toiletten hat Hans-Peter Hart selbst entwickelt. Foto: Dix

WC-Werkstatt

„Für meine Arbeit brauche ich eine Hepatitis-Schutzimpfung“
Hans-Peter Hart, 56, Leiter WC-Werkstatt:

„Für meine Tätigkeit brauche ich ein Gesundheitszeugnis und eine regelmäßige Hepatitis-Schutzimpfung A und B, da wir mit Keimen umgehen. Wir sind zu viert und halten die Vakuum-Toiletten instand. Wir sind die einzige DB-Werkstatt außer Neumünster in Schleswig-Holstein, die autorisiert ist, die WCs zu reparieren. Wir waren überhaupt eine der ersten Werkstätten in Deutschland, die geschlossene Toiletten repariert hat. Damals noch im alten, längst geschlossenen Ausbesserungswerk Neuaubing habe ich den Prüfstand entwickelt, mit dem wir heute prüfen, ob Absaugung und Spülvorgang funktionieren. Mit dem Ende des Ausbesserungswerks wurde die WC-Werkstatt eingemottet. Wir haben jede defekte Toilette zur Reparatur 900 Kilometer weit nach Neumünster ins Ausbesserungswerk geschickt. Das kostete alleine 1000 Euro pro WC. Seit 2004 warten wir die Vakuum-WCs wieder selbst. Das spart mindestens 120.000 Euro pro Jahr. Und die Verfügbarkeit ist auch wieder größer geworden: Denn damals wurde der Toilettenraum tagelang abgesperrt, bis die Toilettenschüssel aus Neumünster zurück war. Warum ich hier arbeite? Mir macht es Spaß. Ich konnte hier meinen Arbeitsplatz selbst gestalten.“

Fahrzeug-Elektriker

„Wichtig ist die Sicherheit“
Raimund Pohl, 56, Fahrzeug-Elektriker, für Türen und Elektrik verantwortlich:

„Fehlersuche, Reparaturen. Das ist mein Schwerpunkt. Wir sind zuständig für Reparaturen, wenn die Energieversorgung oder Klimaanlage eines Waggons, die Türsteuerung oder die Heizung ausfällt oder nicht richtig funktioniert. Wir achten beispielsweise auf das einwandfreie Funktionieren der automatischen Türsicherung, messen die Schließkräfte und stellen sie richtig ein, damit niemand eingeklemmt wird. Wichtig ist die Sicherheit. Am Tag haben wir ein bis zwei Störungen zu beheben, ansonsten sind Frist- und Wartungsarbeiten zu erledigen. Einmal pro Jahr werden bei jedem Fahrzeug Türen und Elektrik genauer untersucht, wenn die Laufkilometerleistung höher als vorgesehen ist, dann auch vorher. Es ist ein sehr interessanter Beruf: Wir bekommen neue Fahrzeugmodelle, wie die neuen klimatisierten Doppelstockwagen. In den Fahrzeugen sind immer mehr elektronische Bauteile, wir müssen uns ständig fortbilden, zum Teil sogar bei Fahrzeug-Herstellern. Das macht den Beruf interessant."

Raimund Pohl ist dafür verantwortlich, dass die Türen sicher schließen. Foto: Dix

Schneefräse

„Unsere Schneefräse fährt auch im Sommer"
Herbert Glasl, 50, Teamleiter Sonderfahrzeuge, verantwortlich für die Schneefräse:

„Die Vermessung von Unfallschäden, die Verantwortung für die Revision von Sonderfahrzeugen sowie die Unterflur-Drehbank gehören zu meinen Aufgaben. Wir betreuen hier in Pasing auch eine von deutschlandweit zwei Schneefräsen. Die zweite steht in Fulda, um bei starkem Schneefall die Neubaustrecke Würzburg–Hannover schnell räumen zu können. Unsere war zuletzt vor zwei Jahren auf der Berchtesgadener Strecke im Einsatz. Die Schneefräse hat eine Räumbreite von 2,90 Meter und eine Räumgeschwindigkeit von 80 km/h. Durch Ausfahren des Vorbaus kann sogar bis 5,50 Meter Breite geräumt werden. Aber noch interessanter ist: Theoretisch könnten wir mit der Schneeschleuder der Firma Beilhack bis 3,50 Meter Schneehöhe den Schnee wegschleudern. Die Fräse gehört eigentlich der DB Netz AG, wird aber von DB Regio betreut. Bei einem Einsatz rücken drei Leute von DB Regio und von DB Netz aus: ein Bediener von der Werkstatt München-Pasing und ein Regio-Lokführer, sowie ein örtlich verantwortlicher Mitarbeiter von DB Netz, der die örtlichen Gegebenheiten kennt. Um Standschäden zu vermeiden, fährt unsere Schneefrä-

Herbert Glasl ist für die Sonderfahrzeuge und unter anderem für diese Hochleistungs-Schneefräse verantwortlich.

Foto: K.H. Dix

se auch im Sommer. Sie wird alle zwei Monate betrieben. Vor Beginn der Wintersaison wird das Gerät im Herbst winterfest gemacht und von Fachleuten des Ausbesserungswerks Meiningen überprüft. Das Schöne an der Arbeit hier: Jedes Fahrzeug hat einen anderen Schaden, jeden Tag ist etwas anderes los. Nicht die Monotonie, die Unterschiedlichkeit macht den Reiz unserer Werkstatt aus."

Übersichtsplan DB Regio Reisezugwagen-Werkstatt

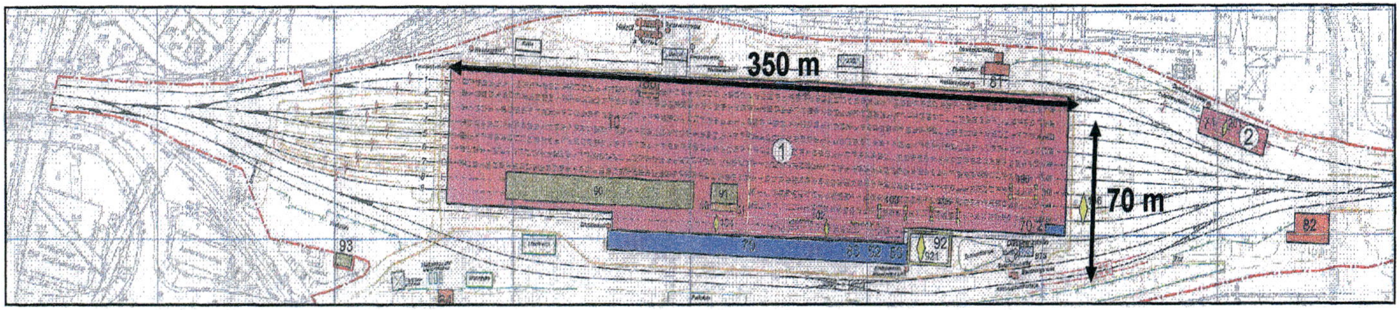

Gleisanlagen - Betrieb

- 10 Hallen und 3 Zuführungsgleise
  2 Ausziehgleise ca. 8000 Meter Gleis und
  35 Weichen
- max. Zuglänge: 12 / 15 Rzw.
- Die Werkhalle ist mit einer Abstellkapazität von 60 Reisezugwagen in das Bereitstellungskonzept zum Bf München Hbf integriert
- 2 Rangierabteilungen (BR 363) im 24 Std. – Einsatz zur Verteilung von Schadwagen (ca. 50 / 24 Std.) und Betriebsgarnituren (ca. 40 Rangierbewegungen mit ARA und Entsorgung) in 24 Std.
- eigenes Rangierkonzept in Abstimmung mit DBS (Betriebsbahnhof)

Infrastruktur

- Untersuchungsgruben: 2600 m
- Radsatzsenke: 2
- URD: 1 Tandem
- Heberstände 3
- Messgleise 3
- WC Werkstatt für geschl. WC-Anlagen
- Indusi – Werkstatt
- Schlosserei, Schreinerei,
- Lehrwerkstatt / Lehrschweißerei
- Batterieladestation
- Stofflager mit Hochlager für Radsätze
- ARA und stationäre Entsorgung
- Abwasseraufbereitung: Fällung / Neutralisation
- Eigene Tiefbrunnen für Brauchwasser

Für die Mithilfe danken wir:

- Gerald Bendrien
- Manfred Grauer
- Jörg Sauter
- Joachim Schweichler
- Dipl.Ing. Horst Troche, Herausgeber der Broschüre »Der Gläserne Zug«, Darmstadt, 1989, sowie der DGEG
- Ralf Roman Rossberg
- den Mitarbeitern der Werkstatt Pasing
- dem EK-Verlag
- Bayerisches Hauptstaatsarchiv,
- Staatsarchiv München
- Bibliothek Deutsches Museum,
- Bayerische Staatsbibliothek
- DB-Museum Nürnberg
- Aubinger Archiv

Die Autoren:

Karl-Heinz Dix, tz-Redakteur, beschäftigt sich seit vielen Jahren mit der Eisenbahn.Verfasser des Buchs „Die Münchner S-Bahn“ .

Michael Werner, von 1994-2006 Leiter des S-Bahn-Betriebswerks Steinhausen, von April 2007 bis 2008 ist er mit der Reorganisation der Reisezugwagen-Werkstatt befasst.